HIDE & SPEAK
SPANISH

Catherine Bruzzone and Susan Martineau
Spanish text: Rosa María Martín and Martyn Ellis
Illustrated by Louise Comfort

BARRON'S

En la granja – On the farm

1	**El gato** persigue **al ratón**.	1	**The cat** chases **the mouse**.
2	**El perro** duerme al sol.	2	**The dog** sleeps in the sun.
3	**El caballo** está en la cuadra.	3	**The horse** is in the stable.
4	**La vaca** da leche.	4	**The cow** gives milk.
5	¡**El cerdo** come mucho!	5	**The pig** eats a lot!
6	**Las ovejas** están en el campo.	6	**The sheep** are in the field.
7	**El pato** nada en el estanque.	7	**The duck** swims on the pond.
8	**La cabra** come hierba.	8	**The goat** eats grass.

el gato

el gat-to

el ratón

el rat-ton

el perro

el peh-ro

el caballo

el kah-bal-yo

la vaca

lah vah-ka

el cerdo

el sair-do

la oveja

lah obeh-ha

el pato

el pat-to

la cabra

lah kab-bra

En clase - In the classroom

1	**La profesora** dice "¡Silencio!"	1	**The teacher** calls "Silence!"
2	Bárbara está encima de **la silla**.	2	Barbara is on **the chair**.
3	Pedro está debajo de **la mesa**.	3	Peter is under **the table**.
4	Mateo tira **el libro**.	4	Matthew is throwing **the book**.
5	Isabel hace garabatos con **los lápices de colores**.	5	Isabel is scribbling with **the colored pencils**.
6	A Roberto se le cae **el pegamento**.	6	Robert drops **the glue**.
7	María corta **el papel**.	7	Mary cuts **the paper**.
8	**La pluma** está encima de **la mesa**.	8	**The pen** is on **the table**.
9	¡Y Pablo juega tranquilamente con **la computadora**!	9	And Paul is playing quietly with **the computer**!

la profesora
lah profes-sor-ra

la silla
lah see-ya

la mesa
lah mes-sa

el libro
el lee-bro

el lápiz de color
el lah-pees deh koh-lor

el pegamento
el pegga-men-to

el papel
el pap-pel

la pluma
lah ploo-ma

la computadora
lah kompoota-dor-ra

Tócate la cabeza - Touch your head

1	Me toco **mi cabeza**.	1	I touch **my head**.
2	Me toco **mis ojos**.	2	I touch **my eyes**.
3	Me toco **mi nariz**.	3	I touch **my nose**.
4	Me toco **mi boca**.	4	I touch **my mouth**.
5	Me toco **mis hombros**.	5	I touch **my shoulders**.
6	Me toco **mi brazo**.	6	I touch **my arm**.
7	Me toco **mi mano**.	7	I touch **my hand**.
8	Me toco **mi pierna**.	8	I touch **my leg**.
9	Me toco **mi pie**.	9	I touch **my foot**.

la cabeza
lah ka-beh-sah

los ojos
los oh-hos

la nariz
lah na-rees

la boca
lah bok-ka

los hombros
los om-bros

el brazo
el brah-soh

la mano
lah mah-no

la pierna
lah pee-yair-na

el pie
el pee-yeh

En la selva - In the jungle

1	una mariquita **roja**	1	a **red** ladybug
2	una mariposa **azul**	2	a **blue** butterfly
3	una hoja **verde**	3	a **green** leaf
4	una fruta **amarilla**	4	a **yellow** fruit
5	un loro **naranja**	5	an **orange** parrot
6	una hormiga **negra**	6	a **black** ant
7	una mariposa **blanca**	7	a **white** butterfly
8	una flor **morada**	8	a **purple** flower
9	una rama **marrón**	9	a **brown** branch

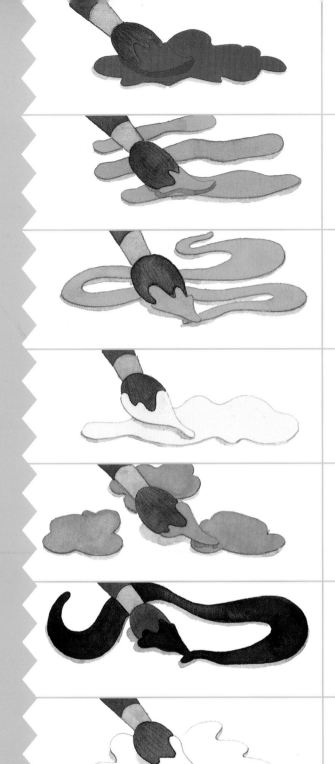

rojo/roja

_ro_-ho/_ro_-ha

azul

ah-_sool_

verde

bair-deh

amarillo/amarilla

ama-_ree_-yo/ama-_ree_-ya

naranja

na-_ran_-ha

negro/negra

neg-gro/_neg_-gra

blanco/blanca

blan-ko/_blan_-ka

morado/morada

mo-_rah_-do/mo-_rah_-da

marrón

mar-_ron_

9

El baúl de los disfraces - The dress-up chest

1	Me pongo **la falda**.	1	I'm putting on **the skirt**.
2	¿Te pones **el vestido**?	2	Are you putting on **the dress**?
3	Carolina se pone **el pantalón**.	3	Caroline is putting on **the pants**.
4	Jaime se pone **el abrigo**.	4	James is putting on **the coat**.
5	Nos ponemos **los zapatos**.	5	We're putting on **the shoes**.
6	Juan y Javier se ponen **la camisa**.	6	John and Jack are putting on **the shirt**.
7	Lucía se pone **el pijama**.	7	Lucy is putting on **the pajamas**.
8	El bebé se pone **los calcetines**.	8	The baby is putting on **the socks**.
9	El perro se pone **el sombrero**.	9	The dog is putting on **the hat**.

la falda
lah fal-da

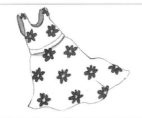

el vestido
el ves-tee-do

el pantalón
el panta-lon

el abrigo
el ab-ree-go

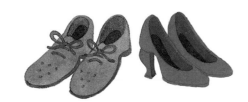

los zapatos
los sah-pat-tos

la camisa
lah ka-mees-sa

el pijama
el pee-hah-ma

los calcetines
los kalseh-tee-ness

el sombrero
el som-brair-o

Un día en el zoo - A day at the zoo

1	**La jirafa** tiene un bebé.		1	**The giraffe** has a baby.
2	**El león** duerme debajo del árbol.		2	**The lion** sleeps under the tree.
3	**El tigre** come su comida.		3	**The tiger** eats its meal.
4	**El elefante** se lava.		4	**The elephant** is washing himself.
5	**El cocodrilo** nada en el lago.		5	**The crocodile** swims in the lake.
6	**La serpiente** está en el árbol.		6	**The snake** is in the tree.
7	**El oso polar** se sube a una roca.		7	**The polar bear** is climbing on a rock.
8	**Al hipopótamo** le gusta el barro.		8	**The hippopotamus** likes mud.
9	**El delfín** salta en el aire.		9	**The dolphin** jumps in the air.

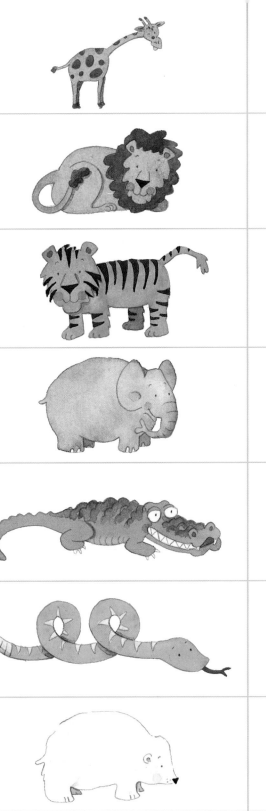

la jirafa
lah hee-raf-fa

el león
el leh-ón

el tigre
el tee-greh

el elefante
el eleh-fan-teh

el cocodrilo
el kokko-dree-lo

la serpiente
lah sairp-yen-teh

el oso polar
el osso pol-lar

el hipopótamo
el eepo-pot-tamo

el delfín
el del-feen

En la calle - On the street

1	La señora cruza **la calle**.	1	The woman crosses **the street**.
2	Los niños están en **la acera**.	2	The children are on **the sidewalk**.
3	**El autobús** para en **la parada**.	3	**The bus** stops at **the bus stop**.
4	**El camión** para en **el semáforo**.	4	**The truck** stops at **the traffic light**.
5	El chico está montado en **la bicicleta**.	5	The boy is on **the bicycle**.
6	**El coche** es rojo.	6	**The car** is red.
7	**El coche de policía** va rápido.	7	**The police car** is going fast.

la calle

lah kah-yeh

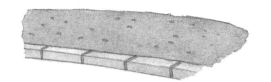

la acera

lah aser-ra

el autobús

el aowto-boos

la parada

lah pa-rad-da

el camión

el kam-yon

el semáforo

el se-mah-foro

la bicicleta

lah beesee-klet-ta

el coche

el ko-cheh

el coche de policía

el ko-cheh deh polee-see-ah

En la playa - At the beach

1	**El mar** es azul.		1	**The sea** is blue.
2	**La arena** es amarilla.		2	**The sand** is yellow.
3	**La gaviota** se come **el pez**.		3	**The seagull** is eating **the fish**.
4	**El alga marina** es verde.		4	**The seaweed** is green.
5	**La concha** está encima de **la roca**.		5	**The shell** is on **the rock**.
6	Los niños están en **el velero**.		6	The children are in **the sailboat**.
7	Hay muchas **olas** grandes.		7	There are many big **waves**.

el mar

el mar

la arena

lah areh-na

la gaviota

lah gav-yota

el pez

el pehs

el alga marina

el al-ga ma-ree-na

la concha

lah kon-cha

la roca

lah rok-ka

el velero

el ve-lerro

la ola

lah ol-la

Mi familia - My family

1	**Mi madre** está sentada a la mesa.	1	**My mother** is sitting at the table.
2	**Mi padre** habla con **mi abuelo**.	2	**My father** is talking to **my grandfather**.
3	**Mi hermano** juega con su tren.	3	**My brother** is playing with his train.
4	**Mi abuela** come espaguetis.	4	**My grandmother** is eating spaghetti.
5	**Mi tío** bebe agua.	5	**My uncle** drinks water.
6	**Mi tía** ayuda a **mi hermana**.	6	**My aunt** helps **my sister**.
7	**Mis primos** ven la televisión.	7	**My cousins** watch television.

mi madre/mamá

mee <u>mad</u>-reh/ma-<u>mah</u>

mi padre/papá

mee <u>pad</u>-reh/pa-<u>pah</u>

mi hermana

mee air-<u>mah</u>-na

mi hermano

mee air-<u>mah</u>-no

mi abuela

mee ab-<u>weh</u>-la

mi abuelo

mee ab-<u>weh</u>-lo

mi tía

mee <u>tee</u>-ah

mi tío

mee <u>tee</u>-oh

mis primos

mees <u>pree</u>-mos

¡Fiesta! - Party time!

1	Ana come **un emparedado**.	1	Anne is eating **a sandwich**.
2	El bebé quiere **chocolate**.	2	The baby wants **chocolate**.
3	**El pastel** está en la mesa.	3	**The cake** is on the table.
4	**¡Las papas fritas** están calientes!	4	**The french fries** are hot!
5	**La pizza** casi se ha terminado.	5	**The pizza** is almost finished.
6	Enrique tiene **un helado**.	6	Henry has **an ice-cream**.
7	¿Quieres **soda** o **jugo de naranja**?	7	Do you want **soda** or **orange juice**?
8	Prefiero **agua**.	8	I prefer **water**.

el emparedado

el ehmpareh-<u>dad</u>-do

el chocolate

el chokko-<u>lat</u>-teh

el pastel

el pas-<u>tel</u>

las papas fritas

las <u>pah</u>-pahs <u>free</u>-tas

la pizza

lah <u>peet</u>-za

el helado

el el-<u>lah</u>-do

la soda

lah <u>sod</u>-da

el jugo de naranja

el <u>hoo</u>-go deh nar-<u>ran</u>-ha

el agua

el <u>ag</u>-wa

Comprar juguetes - Shopping for toys

1	**El osito** es más grande que el niño.	1	**The teddy bear** is bigger than the boy.
2	Sara juega con **el robot**.	2	Sarah plays with **the robot**.
3	Oscar quiere comprar **la pelota**.	3	Oscar wants to buy **the ball**.
4	¿Prefieres **el rompecabezas** o **el juego**?	4	Do you prefer **the puzzle** or **the game**?
5	¡**El futbolín** es muy divertido!	5	**Foosball** is really fun!
6	Cristina y Guillermo miran **el videojuego**.	6	Christina and William are looking at **the computer game**.
7	Papá compra **el avión para armar**.	7	Dad is buying **the model airplane kit**.
8	A las chicas les gusta **el collar de cuentas**.	8	The girls like **the beads**.

Spanish

el osito
el o-see-to

el robot
el rob-bot

la pelota
lah pe-lot-ta

el rompecabezas
el rompeh-kab-bes-as

el juego
el hwe-go

el futbolín
el footbo-leen

el videojuego
el veedeo-hwe-go

el avión para armar
el av-yon par-ra ar-mar

el collar de cuentas
el koyahr deh koo-entas

23

Lavar los platos - Washing the dishes

1 Papá lava los platos en **el fregadero**.

2 Mamá corta la manzana con **el cuchillo**.

3 **La cuchara** y **el tenedor** están sucios.

4 Julia tiene **un vaso** de agua.

5 ¡El gato mira dentro **del frigorífico**!

6 **El plato** se cae.

7 **Las ollas** están encima de **la cocina**.

1 Dad washes the dishes in **the sink**.

2 Mom cuts the apple with **the knife**.

3 **The spoon** and **the fork** are dirty.

4 Julia has **a glass** of water.

5 The cat is looking in **the fridge**!

6 **The plate** is falling down.

7 **The pots** are on **the stove**.

el fregadero

el fregga-der-ro

el cuchillo

el koo-chee-yo

la cuchara

lah koo-charah

el tenedor

el teneh-dor

el vaso

el vah-so

el frigorífico

el freego-ree-fikko

el plato

el plah-to

la olla

la oh-yah

la cocina

lah ko-thee-na

En el campo - In the countryside

1	Elena sube **al árbol**.	1	Helen climbs **the tree**.
2	**La hierba** es verde.	2	**The grass** is green.
3	**El prado** está lleno de **flores**.	3	**The field** is full of **flowers**.
4	**La montaña** es muy alta.	4	**The mountain** is very high.
5	Hay muchos **árboles** en **el bosque**.	5	There are many **trees** in **the forest**.
6	**El puente** cruza **el río**.	6	**The bridge** crosses the **river**.
7	**El pájaro** hace su nido.	7	**The bird** is making its nest.

el árbol

el <u>ar</u>-bol

la hierba

lah <u>yair</u>-ba

el prado

el <u>prah</u>-do

la flor

lah flor

la montaña

lah mon-<u>tan</u>-ya

el bosque

el <u>bos</u>-keh

el puente

el <u>pwen</u>-teh

el río

el <u>ree</u>-oh

el pájaro

el <u>pa</u>haroh

Bañarse - Taking a bath

1	Simón se lava con **el jabón**.	1	Simon is washing himself with **the soap**.
2	**El lavabo** está lleno de agua.	2	**The washbowl** is full of water.
3	Lucas juega con **la ducha**.	3	Luke is playing with **the shower**.
4	El gato duerme encima de **la toalla**.	4	The cat is sleeping on **the towel**.
5	**El inodoro** está al lado de **la bañera**.	5	**The toilet** is next to **the bathtub**.
6	Margarita pone **pasta de dientes** en **el cepillo de dientes**.	6	Margaret is putting **toothpaste** on **the toothbrush**.
7	**El espejo** está encima **del lavabo**.	7	**The mirror** is above **the washbowl**.

el jabón

el hab-bon

el lavabo

el la-vah-bo

la ducha

lah doo-cha

la toalla

lah toh-wal-ya

el inodoro

el eeno-dor-roh

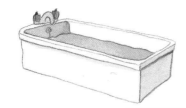

la bañera

lah ban-yer-ra

la pasta de dientes

lah pas-ta deh dee-yen-tes

el cepillo de dientes

el se-pee-yo deh dee-yen-tes

el espejo

el es-peh-ho

En mi dormitorio - In my bedroom

1	Duermo en **mi cama**.	1	I sleep in **my bed**.
2	**El despertador** está en **el estante**.	2	**The alarm clock** is on **the shelf**.
3	Me gusta ver **la televisión**.	3	I like watching **television**.
4	**Mi cama** está cerca de **la ventana**.	4	**My bed** is near **the window**.
5	Mi ropa está dentro **del armario**.	5	My clothes are in **the wardrobe**.
6	**Mi casetero** está encima de **la alfombra**.	6	**My cassette player** is on **the rug**.
7	Mamá abre **la puerta**.	7	Mom is opening **the door**.

la cama

lah kah-ma

el despertador

el despairtad-dor

el estante

el es-tan-teh

la televisión

lah teh-lehvee-zeeon

la ventana

lah ven-tan-na

el armario

el ar-mah-reeyo

el casetero

el kahset-teh-ro

la alfombra

lah al-fombra

la puerta

lah pwair-ta

Word list

En la granja p. 2 — **On the farm**
Los animales de la granja — **Farm animals**

el caballo	horse
la cabra	goat
el cerdo	pig
el gato	cat
la oveja	sheep
el pato	duck
el perro	dog
el ratón	mouse
la vaca	cow

En clase p. 4 — **In the classroom**
La clase — **The classroom**

la computadora	computer
el lápiz de color	colored pencil
el libro	book
la mesa	table
el papel	paper
el pegamento	glue
la pluma	pen
la profesora	teacher
la silla	chair

Tócate la cabeza p. 6 — **Touch your head**
El cuerpo — **The body**

la boca	mouth
el brazo	arm
la cabeza	head
los hombros	shoulders
la mano	hand
la nariz	nose
los ojos	eyes
el pie	foot
la pierna	leg

En la selva p. 8 — **In the jungle**
Los colores — **Colors**

amarillo/amarilla	yellow
azul	blue
blanco/blanca	white
marrón	brown
morado/morada	purple
naranja	orange
negro/negra	black
rojo/roja	red
verde	green

El baúl de los disfraces p. 10 — **The dress-up chest**
La ropa — **Clothes**

el abrigo	coat
los calcetines	socks
la camisa	shirt
la falda	skirt
el pantalón	pants
el pijama	pajamas
el sombrero	hat
el vestido	dress
los zapatos	shoes

Un día en el zoo p. 12 — **A day at the zoo**
Los animales salvajes — **Wild animals**

el cocodrilo	crocodile
el delfín	dolphin
el elefante	elephant
el hipopótamo	hippopotamus
la jirafa	giraffe
el león	lion
el oso polar	polar bear
la serpiente	snake
el tigre	tiger

En la calle p. 14 — **On the street**
La calle — **The street**

la acera	sidewalk
el autobús	bus
la bicicleta	bicycle
la calle	street
el camión	truck
el coche	car
el coche de policía	police car
la parada	bus stop
el semáforo	traffic light

En la playa p. 16 — **At the beach**
La playa — **The beach**

el alga marina	seaweed
la arena	sand
la concha	shell
la gaviota	seagull
el mar	sea
la ola	wave
el pez	fish
la roca	rock
el velero	sailboat

Mi familia p. 18 — **My family**
La familia — **The family**

mi abuela	grandmother
mi abuelo	grandfather
mi hermana	sister
mi hermano	brother
mi madre/mamá	mother/mom
mi padre/papá	father/dad
mis primos	cousins
mi tía	aunt
mi tío	uncle

¡Fiesta! p. 20 — **Party time!**
La fiesta — **The party**

Spanish	English
el agua	water
el chocolate	chocolate
el emparedado	sandwich
el helado	ice-cream
el jugo de naranja	orange juice
las papas fritas	french fries
el pastel	cake
la pizza	pizza
la soda	soda

Comprar juguetes p. 22 — **Shopping for toys**
Los juguetes — **Toys**

el avión para armar	model airplane kit
el collar de cuentas	beads
el futbolín	foosball
el juego	game
el osito	teddy bear
la pelota	ball
el robot	robot
el rompecabezas	puzzle
el videojuego	computer game

Lavar los platos p. 24 — **Washing the dishes**
La cocina — **The kitchen**

la cocina	stove
la cuchara	spoon
el cuchillo	knife
el fregadero	sink
el frigorífico	fridge
la olla	pot
el plato	plate
el tenedor	fork
el vaso	glass

En el campo p. 26 — **In the countryside**
El campo — **The countryside**

el árbol	tree
el bosque	forest
la flor	flower
la hierba	grass
la montaña	mountain
el pájaro	bird
el prado	field
el puente	bridge
el río	river

Bañarse p. 28 — **Taking a bath**
El cuarto de baño — **The bathroom**

la bañera	bathtub
el cepillo de dientes	toothbrush
la ducha	shower
el espejo	mirror
el inodoro	toilet
el jabón	soap
el lavabo	washbowl
la pasta de dientes	toothpaste
la toalla	towel

En mi dormitorio p. 30 — **In my bedroom**
El dormitorio — **The bedroom**

la alfombra	rug
el armario	wardrobe
la cama	bed
el casetero	cassette player
el despertador	alarm clock
el estante	shelf
la puerta	door
la televisión	television
la ventana	window